AF611587

STATISTIQUE

DE LA COMMUNE

DE LA CELLE-LÈZ-SAINT-CLOUD,

CANTON DE MARLY-LE-ROI,

DÉPARTEMENT DE SEINE-ET-OISE,

rédigée

Par Mr le V. d. M.-V. P. d. F.,

l'un de ses Habitans;

ADRESSÉE

Par M. COUTURIER, Maire de cette Commune,

A

M. AUBERNON, Pair de France, Conseiller-d'État,
Préfet du Département de Seine-et-Oise,

Au désir de sa Lettre officielle du 31 décembre 1833;

Imprimée et publiée avec son autorisation.

VERSAILLES,

CHEZ DUFAURE, IMPRIMEUR DE LA PRÉFECTURE.

Septembre 1834.

STATISTIQUE

DE LA COMMUNE

DE LA CELLE-LÈZ-SAINT-CLOUD.

La commune de La Celle-lèz-Saint-Cloud (*), canton de Marly-le-Roi, arrondissement de Versailles, département de Seine-et-Oise, ci-devant province de l'Isle-de-France, et diocèse de Paris, est située à 9,500 toises (18,516 mètres) à l'ouest de Paris, 3,400 toises (6,627 mètres) à l'ouest de Saint-Cloud, 2,149 toises (4,187 mètres) au nord de Versailles, 2,000 toises (3,898 mètres) à l'est de Marly, et 3,000 toises (5,847 mètres) au sud-est de Saint-Germain-en-Laye.

Ce village est placé à mi-côte d'une des gorges affluentes au vallon de la Seine, avant la machine de Marly, en y arrivant de Paris.

Il est exposé au nord-ouest, ayant pour perspec-

(*) Quelques auteurs ont écrit La Celle par un S au lieu d'un C, on verra plus bas que cette orthographe est fausse et qu'il faut écrire La Celle par un C et non par un S.

tive à son horizon au couchant les aqueducs de la machine de Marly. Il est appuyé au levant sur les beaux et grands bois dépendant maintenant du domaine de la Malmaison.

Son élévation barométrique est de 2 lignes $\frac{1}{10}$ (un peu moins de 5 millimètres) moindre que celle des baromètres de l'Observatoire à Paris. Il résulte de cet abaissement du mercure, ainsi que des meilleurs nivellemens, que La Celle-Saint-Cloud est élevée au-dessus du niveau de l'Océan de 63 toises $\frac{1}{2}$ (124 mètres), et de 50 toises seulement (97 mètres) au-dessus de l'étiage (c'est-à-dire au-dessus du niveau des plus basses eaux de la Seine) au Pont-Neuf, à Paris.

On arrive de Paris à La Celle-Saint-Cloud par la route de Saint-Germain-en-Laye, dite de la Machine, en quittant cette route un peu avant la neuvième borne milliaire, et en tournant à gauche par Bougival et la belle route départementale n.° 25, qui va de Bougival à Versailles, en traversant la commune de La Celle-Saint-Cloud. On peut y arriver aussi par la route pavée de Saint-Cloud à Rocquencourt, ou par Versailles.

Historique ancien.

La paroisse de La Celle-Saint-Cloud est une des plus anciennement connues.

L'étymologie de son nom est évidemment le mot latin *Cella*, qui désignait une ou plusieurs habitations réunies.

La première mention certaine que l'on trouve sur cette paroisse est dans le Nécrologe de Saint-Germain-des-Prés. x. *Cal. maii.* — Il y est dit que l'abbé Vandremar donna ce lieu vers l'an 697 au monastère de Sainte-Croix et Saint-Vincent (devenu depuis l'abbaye de Saint-Germain-des-Prés).

Cette Cella était dite alors La Celle-sur-Seine; elle changea plusieurs fois de surnom, et prit successivement celui de Cella-Villaris, ou celui de Cella-Fratrum, plus tard celui de La Celle près Charlevanne (nom que portait alors la Chaussée de Bougival), puis le nom de La Celle près Bougival, et enfin celui de La Celle-lèz-Saint-Cloud, qu'elle conserve depuis près de trois siècles (*).

La Celle fut un lieu fort considérable depuis Charlemagne jusqu'à saint Louis. Dans les lettres de saint Irmion, abbé de Saint-Germain-des-Prés, vers l'an 770, on voit qu'il y avait deux églises et un grand nombre d'habitans, au milieu de deux lieues de bois.

Vers cette époque, la vieille route de Norman-

(*) Dans l'usage commun on dit souvent La Celle-Saint-Cloud, ou même simplement La Celle.

die, qui existe encore et qui passe par Rocquencourt et Saint-Cloud, était la seule pratiquée. On n'avait point établi de route au bord du fleuve, qui trop souvent était couvert des barques des pirates, et le marché aux bœufs pour Paris se tenait à La Celle-Saint-Cloud. Ce ne fut que lorsque l'établissement de Rollon en Normandie, en 912, eut purgé la Seine des Forbans qui la remontaient jusqu'aux portes de Paris, que l'on pût penser à défricher les bois qui bordaient le fleuve, et à y pratiquer une route sûre qui devint bientôt celle du commerce, et permit à saint Louis, vers la fin du 13.me siècle, d'enlever de La Celle-Saint-Cloud le marché aux bœufs, pour le donner au bourg de Poissy qu'il affectionnait. On trouve encore dans le bois des Hubies, près La Celle, une large route qui a conservé le nom de Route-aux-Bœufs.

Avant cette époque et dans le temps de sa prospérité, La Celle-Saint-Cloud fut plusieurs fois exposée aux invasions des Normands. Comme ce lieu était alors un bourg clos de murs, il put se défendre long-temps; mais dans la Semaine-Sainte de l'an 846, les Normands étant débarqués à Charlevanne, ancien nom de La Chaussée de Bougival, et ayant brûlé et saccagé Bougival, vinrent attaquer La Celle qui aurait cette fois fini par succomber, si ses habitans n'avaient fait une assez longue résistance pour donner à Charles-le-

Chauve le temps d'acheter des Normands à prix d'argent, la levée du siége et leur rembarquement.

La principale église de La Celle-Saint-Cloud était alors comme aujourd'hui sous l'invocation de saint Pierre. Aimoin, historien de cette époque, qui rapporte les faits précédens, dit que sa richesse avait été un des principaux motifs de l'attaque des Normands; La Celle-Saint-Cloud a bien déchu de cet état florissant, d'abord la perte du marché aux bœufs avait ruiné ses habitans, elle avait été promptement réduite à une seule église et à un petit nombre de maisons; ensuite, ce que les Normands n'avaient pu faire dans le 9.me siècle fut dans le 15.me, le résultat de nos guerres civiles et religieuses. Cette unique église, presque toutes les maisons furent pillées, brûlées ou détruites, et les habitans dispersés. Cependant l'abbaye de Saint-Germain-des-Prés, qui depuis plus de huit siècles avait réuni à sa mense conventuelle, la Seigneurie de La Celle-Saint-Cloud et les domaines en dépendant, y rebâtit une église qui n'a rien de remarquable et qui subsiste encore; on reconstruisit quelques chaumières autour de cette église, mais ce ne fut plus qu'un village peu considérable, autour duquel on ne peut fouiller sans trouver des ruines qui attestent son antique prospérité.

Historique moderne, et faits relatifs à la Prévôté seigneuriale et aux domaines qui en dépendaient.

Les plus anciens états authentiques de la population que nous retrouvons, ne remontent qu'à 1690, et à cette époque on ne comptait plus à La Celle-Saint-Cloud que 60 feux, vers le milieu du 18.me siècle ce nombre fut réduit à 50 et resta stationnaire jusqu'à la révolution de 1789; une cause puissante contribua pendant tout le 18.me siècle à cette constante dépopulation, ce fut l'excès de gibier, dont la proximité de Versailles et la passion de Louis XV et de ses descendans pour la chasse, avaient couvert le territoire de tout le canton de Marly: légumes, fruits, moissons, tout était dévoré par le gros ou menu gibier dont on ne pouvait se défendre à peine des galères. Des arpens de terre loués aujourd'hui 60 francs, ne trouvaient pas alors de fermier au prix de 6 francs, et la population rare était dans une misère presque générale et sans remède. La révolution en détruisant ce fol abus, a rappelé dans ce canton l'industrie, la richesse et par suite des hommes, et aujourd'hui (1834) La Celle-Saint-Cloud se compose de 106 feux et en compterait bien d'avantage si l'on trouvait aisément place pour construire dans la gorge assez resserrée qu'elle occupe. Cette augmentation a été favorisée aussi par les dépenses que le dernier propriétaire du ci-devant château a faites depuis le commencement du 19.me siècle, tant pour l'amélioration de ses propres domaines que pour l'avantage des habitans.

L'abbaye de Saint-Germain-des-Prés qui avait reconnu la grande salubrité du pays, avait établi à La Celle-Saint-Cloud un hospice pour ses convalescens; elle s'était servi du reste des bâtimens d'une vieille ferme, et à l'angle nord-ouest de la cour de cette ferme, elle avait élevé un pavillon de plusieurs étages auquel elle avait joint un enclos formé des terrains ci-devant occupés au sud par les anciennes constructions du bourg détruit; mais bientôt des dettes contractées par l'abbaye, l'obligèrent à obtenir l'autorisation légale de vendre cette habitation avec son enclos, et le domaine utile qui y était attaché, ne se réservant que la Seigneurie; cette vente eut lieu au commencement du 17.me siècle, au profit d'un sieur Joachim Saudras, qui en 1616 ajouta au pavillon déjà existant, le corps de logis qui forme aujourd'hui le milieu du château.

Cependant, vers l'année 1670, Louis XIV, établissant son Palais et sa Cour à Versailles, résolut d'acquérir et de réunir à son Domaine toutes les Seigneuries que l'abbaye de Saint-Germain-des-Prés et toutes les autres corporations religieuses possédaient dans le baillage de Versailles, il réalisa ce projet; mais aussitôt après sa mort, et dans les malheurs de la Régence, toutes ces Seigneuries furent revendues par le Roi, et c'est en 1718 que la maison principale de La Celle-Saint-Cloud devînt un Château, et la terre une Seigneurie relevant du Roi, ainsi qu'il va être dit à l'article du sieur Bachelier.

Filiation des Propriétaires qui ont possédé le Château de La Celle-Saint-Cloud, depuis la vente faite par l'abbaye Saint-Germain-des-Prés, à Joachim Saudras:

1625. — Jean Sibour.

1648. — Christophe de Bourdeaux.

1659. — Retour à Jean Sibour, et vente à Étienne Pavillon.

1676. — Pavillon fils.

1686. — Gabriel Bachelier, premier Valet de Chambre de garde-robe ordinaire du Roi.

Une anecdote particulière se rattache à ce propriétaire; le duc de La Rochefoucauld, 7.e du nom, prince de Marsillac, fils aîné de l'auteur des Maximes, et l'un des favoris de Louis XIV, avait donné à ce Bachelier, qui lui était particulièrement attaché, une portion des fonds employés à l'acquisition de La Celle-Saint-Cloud, à la charge par ce Bachelier, de le loger avec tout son train quand il lui plairait, et dans ce cas de lui conserver des logemens désignés dans l'acte. Ce fut en vertu de cette clause que le prince de Marsillac, qui se disait propriétaire de La Celle-Saint-Cloud, obtînt l'extrême faveur d'y recevoir à souper Louis XIV et madame de Maintenon, avec toutes ses dames, le 19 juin 1695 (*).

1706. — A ce Bachelier succéda son fils, François-Gabriel Bachelier.

C'est celui-ci qui, en 1718, acheta la Seigneurie de La Celle, avec justice haute, moyenne et basse. Ce fut son épouse qui légua, par son testament, une somme suffisante pour bâtir un petit hospice sur la place publique de La Celle-Saint-Cloud, et pour y fonder en rentes sur l'État, à perpétuité, deux sœurs de la Charité, ce qui fut réalisé en 1760, par ses héritiers. La révolution de 1789 a confisqué la rente sur l'Etat. Le presbytère de La Celle-Saint-Cloud ayant été vendu, il a fallu le remplacer en donnant l'hospice au Curé, et l'on verra plus bas comment ces pertes ont été réparées.

(*) Voyez Journal de Dangeau, du dimanche 19 juin 1695, et la lettre de madame de Coulange à madame de Sévigné, du 24 juin de la même année.

1748. — Madame la marquise de Pompadour.

Ce fut pour cette favorite qu'on créa rapidement le grand chemin pavé de Versailles à La Celle-Saint-Cloud. On avait donné à cette route, pour motif d'utilité publique, la communication de Versailles avec la route de Saint-Germain-en-Laye; mais la route s'arrêta à la grille du château, et l'on verra aussi plus bas comment cette lacune fut remplie à titre d'achèvement de la route départementale n.° 25. C'est cette même marquise de Pompadour qui a fait construire le grand bâtiment des écuries, dans la basse-cour.

1750. — Jacques-Jérémie Roussel, fermier-général.

C'est ce propriétaire qui a achevé le château, en construisant le pavillon et l'aile du côté du nord. C'est dans la société de M. Roussel, et à La Celle-Saint-Cloud, que Collé, dans les mois de juin et juillet 1760, a composé sa Partie de Chasse d'Henri IV, d'abord en deux actes, sous le titre du Roi et le Meunier.

1772. — Le duc de La Vauguyon.

1776. — Parat de Chalandray.

C'est ce propriétaire qui, dans les premières années qui suivirent son acquisition, a fait détruire l'ancien parterre français, et a fait faire à la place, sous la direction de l'habile paysagiste Morel de Lyon, un pays agréable et simple, parfaitement en harmonie avec les sites pittoresques qui l'entourent.

1804. — Le vicomte de Morel-Vindé, Pair de France et Membre de l'Académie des Sciences, encore propriétaire en 1834, présente année.

C'est par les soins et en forte partie aux frais de ce propriétaire que la lacune de la route départementale n.° 25 a été achevée depuis La Celle jusqu'à la Chaussée de Bougival. C'est aussi à lui que sont dus l'arrangement de la place et fontaine publiques, l'augmentation du jardin du presbytère, la translation du cimetière hors de la commune, la construction d'une sacristie.

C'est lui qui a donné à la commune de La Celle-Saint-Cloud des bâtimens suffisans, 1.° pour le local de la mairie; 2.° pour des infirmeries contenant 6 lits, en deux chambres particulières et deux chambres communes; 3.° pour recevoir deux sœurs de la Charité et une école pour les filles; 4.° pour contenir un instituteur public et l'école des garçons; 5.° pour loger le médecin; enfin, c'est lui qui a fondé à perpétuité ces sœurs, ces écoles et leur maître, des prix pour les élèves des deux sexes, et le médecin, en donnant à la commune des rentes sur l'État, en quantité convenable pour satisfaire à tous ces besoins, et mettre ces diverses personnes en état de fournir *gratuitement*, instruction et secours à tous ceux des habitans que les autorités municipales jugeraient hors d'état de les payer.

Ecarts.

Les écarts de la commune de La Celle-Saint-Cloud, sont : 1.° la belle maison de campagne, appelée Beauregard, originairement bâtie par le P. La Chaise, confesseur de Louis XIV. C'est cette maison que le comte d'Artois (depuis Charles X), avait louée pour faire élever ses deux fils, les ducs d'Angoulême et de Berri, sous la conduite de M. le marquis de Serent, leur Gouverneur.

2.° Le Pavillon du Butard, ainsi nommé de la butte élevée sur laquelle il a été bâti, pour rendez-vous de chasse du Roi.

3.° Le hameau des Gressets, ainsi nommé à cause de la grande quantité de grès qui étaient jadis épars sur la côte qu'il occupe. Les ruines que l'on trouve en fouillant autour de ce hameau, prouvent l'importance qu'il dût avoir dans les anciens temps.

4.° La ferme de Bechevet (corruption de son ancien nom Beauchevet).

5.° La ferme de Belébat.

On voit par l'étymologie de ce nom, ainsi que par celle des noms de Beauregard et de Beauchevet, qu'ils ont été inspirés par l'agrément et la beauté des sites où ces écarts sont placés.

Chasses du Roi et travaux qui y ont été relatifs.

J'ai déjà dit plus haut quelle misère et, par suite, quelle dépopulation avait amené l'excès du gibier dans la commune de La Celle-Saint-Cloud. Je dois en outre rappeler dans l'histoire de cette commune, un autre abus produit par cette même passion de la chasse.

Louis XVI aimait surtout la chasse à courre ; or, le cerf lancé aux environs de Versailles, allait constamment vers le nord traverser la Seine entre Neuilly et Saint-Germain, ce qui démontait la chasse ou la rendait trop pénible et trop longue. M. Necker, lors de son premier ministère, voulant forcer Louis XVI à être plus assidu au Conseil, imagina (en profitant des nombreuses clôtures particulières qu'il pourrait rencontrer), de tirer une ligne non interrompue de murs, suffisamment élevés, depuis la clôture du bois de Boulogne, en face de Surenne jusqu'à celle de la forêt de Marly, ce projet fut rapidement exécuté, sous le nom de murs des chasses. On plaça des portes et des portiers aux principaux chemins, mais on priva les habitans voisins de tous les autres moyens de communication. Le républicain Necker fit construire ce mur sur le terrain de tout le monde, sans avertissement ni indemnité ; il séparait notamment du chef-lieu de la commune de La Celle-Saint-Cloud, plus du tiers de son territoire, et apportait la plus grande gène à l'exploitation de cette partie ; depuis la révolution de 1789, ce mur a été détruit partout où il n'était pas sur le Domaine du Roi.

Cours d'eau et travaux qui s'y rapportent.

La position à mi-côte du village de La Celle-Saint-Cloud, la couche de glaise qui suit à peu de profondeur l'inclinaison des côteaux qui dominent cette commune, et les bois qui couvrent le plateau supérieur du côté de l'est, produisent une masse d'eau continue qui donne de petites sources dans la plupart des maisons ; plusieurs des trop pleins de ces petites sources réunies dans les cours et jardins de l'ancien château, ont fourni à son propriétaire actuel le moyen de faire marcher utilement et sans interruption depuis trente ans, un bélier hydraulique. Ces mêmes sources ont donné aussi à mi-côte une fontaine publique et des lavoirs suffisans, puis deux petits cours d'eau qui serpentent au fond de la gorge de ces côteaux, et se jettent dans la Seine, en se réunissant au ruisseau qui coule dans Bougival.

Ce dernier ruisseau mérite une mention particulière, parce qu'il a été le motif d'un travail considérable fait sous Louis XIV.

Au bas de l'extrémité nord-ouest de l'ancien bourg, la nappe d'eau supérieure avait formé une source de la force d'environ 15 pouces d'eau ; à l'époque de la construction de la machine de Marly, on chercha dans tous les environs les cours d'eau assez élevés pour venir alimenter la première reprise des pompes de la machine, c'est-à-dire le premier bassin où les pompes placées dans la rivière, montaient les premières eaux, qui étaient reprises ensuite par les deuxièmes pompes. La belle source du bas de La Celle-Saint-Cloud fut confisquée pour augmenter les eaux de ce bassin. On fouilla sous terre jusqu'à un gros rocher de grès, autour duquel jaillissaient ces eaux par trois issues. On fit un caveau voûté à l'ouest de ce rocher, puis on conduisit ces eaux par un aqueduc, qu'on fit tourner pendant une longueur de près de 2,000 toises, à mi-hauteur du côteau qui borde la Seine de ce côté, jusqu'au premier bassin de la machine de Marly.

Ce grand travail existe encore aujourd'hui, le rocher et la voûte de son caveau se trouvent maintenant sous le bas du parc du château de La Celle-Saint-Cloud. L'aqueduc qui part de ce caveau allait d'abord jusqu'au haut de Bougival, il a été coupé à ce point, de sorte qu'il jette maintenant toutes ses eaux dans le fond du vallon de Bougival, où il fait tourner plusieurs roues d'usines et de moulins. Au-delà du point où ces eaux entrent ainsi dans Bougival, l'ancien aqueduc n'a plus d'utilité, et plusieurs particuliers en ont détruit quelques parties.

Outre cet ouvrage d'art, le territoire de La Celle est encore traversé à son extrémité sud-ouest, et dans une grande longueur, par l'aqueduc souterrain qui amène à Versailles les eaux de la pompe à feu, qui remplace la machine de Marly.

Fêtes et Jeux publics.

La Paroisse est sous l'invocation de saint Pierre, et sa fête patronale est une des plus agréables des environs de Paris, par le concours immense qui s'y rassemble de Versailles, Saint-Germain et Saint-Cloud, et des nombreux villages environnans, qui renferment beaucoup de belles maisons de campagne. La beauté du pays, ses sites pittoresques, l'agrément des bois qui l'entourent et qui sont admirablement percés et bordés de belles prairies, la nature même de sa culture, tout ajoute à l'agrément de cette fête; elle dure le dimanche et le lundi : le propriétaire actuel de l'ancien château ayant fondé des jeux publics pour le deuxième jour.

Territoire reconnu par le Cadastre.

Le territoire de cette commune contient 550 hectares non compris les chemins.

Ces 550 hectares se classent ainsi qu'il suit :

	Hectares.	
Bâtimens, parcs et lieux clos	108	550 hect.
Bois	141	
Prés	24	
Terres labourables en grandes pièces	72	
Châtaigneraies, vergers, pépinières et petite culture	205	

Ces propriétés sont possédées savoir :

	Enclos.	Bois.	Prés.	Terres.	Petite culture.	Total.	
Domaine du Château	26 h.	34 h.	24 h.	72 h.	60 h.	216 h.	550 hect.
Domaine de la Malmaison	»	57	»	»	»	57	
Domaine du Roi	1	26	»	»	»	27	
Domaine de Beauregard	76	20	»	»	»	96	
Propriétés des Habitans	5	4	»	»	145	154	
Totaux	108	141	24	72	205		

Le propriétaire du domaine de l'ancien château afferme en détail et à l'écorché les 60 hectares qu'il possède dans les cantons de petite culture, d'où il suit que ces 60 hectares réunis aux 145 que les habitans possèdent par parcelles dans les mêmes cantons, donnent à ceux-ci le moyen d'exercer sur 205 hectares, l'industrie qui leur est propre et dont nous rendrons compte lorsque nous aurons donné le tableau de la population.

Tableau de la Population et ses Elémens.

La population de La Celle-Saint-Cloud se compose de 370 habitans et de 106 feux, ce qui donne 3 têtes et demie par feu.

Ces 370 habitans se divisent ainsi qu'il suit :

173 Hommes.
197 Femmes.

Le tout réparti suivant le tableau ci-après.

Hommes.

Aptes au travail...	Veufs	10	133	173	370
	Mariés	86			
	Célibataires de plus de 21 ans.	12			
	Jeunes gens de 12 à 21 ans.	25			
Inhabiles au travail.	Garçons de 7 à 12 ans	19	40		
	Garçons au-dessous de 7 ans.	21			

Femmes.

Aptes au travail...	Veuves	23	154	197	
	Mariées	86			
	Filles de plus de 30 ans	16			
	Filles de 12 à 30 ans	29			
Inhabiles au travail.	Filles de 7 à 12 ans	20	43		
	Filles au-dessous de 7 ans	23			

Par la nature de la culture et des récoltes, on compte comme aptes au travail les deux sexes depuis 12 ans jusqu'à la décrépitude.

Sur les 133 hommes dits aptes au travail,

Quatre très âgés ou infirmes réduisent ce nombre à.................. 129

Le nombre de 154 femmes mises dans la même classe,

Se trouve réduit par les mêmes causes, à..................... 151

Total des individus aptes au travail............... 280

Les inhabiles au travail restent au nombre de 90 seulement.

Nous croyons devoir faire suivre ce tableau de la population par quelques détails statistiques que nous avons recueillis sur les 30 années qui se sont écoulées depuis le 1.er janvier 1804, jusqu'à pareil jour de 1834.

Le nombre des mariages a été de 117, ce qui donne un peu moins de 4 par an.

Ils sont répartis irrégulièrement depuis 1 jusqu'à 8 par année,

Savoir :

Nombre et chiffres des années.		Nombre des mariages.	Totaux
4 Années.	— 1811, 1814, 1815, 1831	1	4
3 Années.	— 1805, 1810, 1821	2	6
6 Années.	— 1807, 1808, 1823, 1824, 1828, 1830.	3	18
8 Années.	— 1812, 1816, 1819, 1820, 1825, 1826, 1827, 1833.	4	32
2 Années.	— 1829, 1832	5	10
3 Années.	— 1804, 1806, 1818	6	18
3 Années.	— 1809, 1813, 1817	7	21
1 Année.	— 1822	8	8
			117 Mariages.

Les naissances ont été au nombre de 259, ce qui donne 8 $\frac{2}{3}$ par an;

SAVOIR :

Savoir :

Garçons..	Légitimes..................	119	....	129	259
	Naturels..................	10			
Filles....	Légitimes..................	127	....	130	
	Naturelles..................	3			

Elles sont réparties ainsi qu'il suit sur les 30 années depuis 4 au moins jusqu'à 19 au plus.

Nombre et chiffres des années.	Naissances.	Totaux.	
2 Années. — 1820, 1826..............................	4	8	259 Naissances.
2 Années. — 1815, 1818..............................	5	10	
3 Années. — 1812, 1821, 1831..............................	6	18	
7 Années. — 1807, 1813, 1817, 1825, 1827, 1828, 1833..	7	49	
4 Années. — 1804, 1808, 1814, 1823..............................	8	32	
1 Année. — 1822..............................	9	9	
4 Années. — 1805, 1809, 1816, 1830..............................	10	40	
2 Années. — 1806, 1811..............................	11	22	
2 Années. — 1810, 1829..............................	12	24	
2 Années. — 1819, 1832..............................	14	28	
1 Année. — 1824..............................	19	19	

Observations sur les deux tableaux précédens.

On remarquera, non sans un vif intérêt, qu'en 30 années, sur 259 naissances, 13 seulement ont été illégitimes.

On remarquera encore que les mariages ne donnent que deux naissances et $\frac{1}{5}$ chacun, et que néanmoins, les naissances excèdent les décès dans la proportion d'un peu plus de 4 à 3, ainsi qu'il résulte du tableau suivant.

Les décès sont au nombre de 192, ce qui donne 6 $\frac{2}{5}$ par année, ils sont répartis sur les 30 années depuis 3 au moins à 14 au plus, ainsi qu'il suit :

Nombre et chiffres des années.	Décès.	Totaux.	
5 Années. — 1804, 1814, 1821, 1827, 1831	3	15	192 Décès.
5 Années. — 1807, 1809, 1817, 1818, 1822	4	20	
2 Années. — 1811, 1832	5	10	
6 Années. — 1810, 1812, 1816, 1824, 1825, 1826	6	36	
2 Années. — 1828, 1833	7	14	
4 Années. — 1805, 1813, 1829, 1830	8	32	
3 Années. — 1806, 1820, 1823	9	27	
1 Année. — 1819	11	11	
1 Année. — 1808	13	13	
1 Année. — 1815	14	14	

Etat des Décès par sexes et par âges.

AGES.	HOMMES.	FEMMES.	Nombre DE DÉCÈS.
Dans la première année......	14	14	28
Dans la 2.e année...........	5	6	11
De 2 à 4 ans................	2	1	3
Dans les 5.e et 6.e années....	»	»	»
De 6 à 10 ans...............	2	2	4
Dans les 11.e et 12.e années...	»	»	»
De 12 à 21 ans..............	3	11	14
De 21 à 27 ans..............	5	5	10
Dans la 28.e année..........	»	»	»
De 29 à 35 ans..............	5	9	14
Dans les 36, 37 et 38.es années.	»	»	»
De 38 à 41 ans..............	2	3	5
Dans la 42.e année..........	»	»	»
Dans la 43.e année..........	»	1	1
Dans la 44.e année..........	»	»	»
De la 44.e à la 50.e année....	4	5	9
De la 50.e à la 60.e année....	11	8	19
Dans la 61.e année	»	»	»
De la 61.e à la 64.e année....	2	3	5
Dans la 65.e année..........	»	»	»
De la 65.e à la 70.e année....	5	9	14
De 70 à 76 ans..............	13	14	27
De 76 à 82 ans..............	9	9	18
Dans la 83.e année..........	»	»	»
De la 83.e à la 87.e année....	4	3	7
Dans la 89.e année..........	»	1	1
Dans la 92.e année..........	1	»	1
Dans la 99.e année..........	»	1	1
TOTAUX..........	87	105	192

Première Observation.

Parmi les décès des hommes, il y a eu deux suicides, mais par aliénation mentale.

Deuxième Observation.

On voit par ce tableau qu'il est mort plus de femmes que d'hommes, 87 hommes et 105 femmes. Cette différence entre les deux sexes existe pour près de moitié à l'âge de 12 à 21 ans, c'est-à-dire à l'époque de la puberté, surtout dans l'état de blanchisseuse; les jeunes ouvrières de cet état périssent en assez grand nombre au moment de leur formation.

Troisième Observation.

La trop grande perte des enfans que l'on remarque dans les deux premières années de leur vie, et surtout dans la première, tient principalement à l'obligation où sont les mères de s'absenter de leurs maisons pour leurs travaux habituels, et surtout pour la cueillette et l'arrangement des fruits, ainsi que pour les voyages aux marchés: les soins maternels manquent à cet âge qui en a un si grand besoin, l'allaitement devient aussi insuffisant ou trop peu fréquent; cette dernière cause se fait sentir encore plus fortement chez les mères qui prennent des nourrissons étrangers, et elles sont en assez grand nombre. Il est tellement certain que cette mortalité n'a que ces seules causes, qu'après ces deux années, le peu de décès d'enfans tient presque du prodige.

Il est en effet excessivement remarquable que la salubrité de ce pays soit tellement favorable aux enfans, que dans l'espace de 30 années il ne soit mort que 7 enfans de l'âge de 2 à 12 ans révolus.

Quatrième Observation.

Si le tableau précédent n'offre que deux nonagénaires, il fait voir aussi dans quelle immense proportion on traverse l'âge mûr et l'on parvient à la vieillesse, plus de la moitié des décès n'a eu lieu qu'après l'âge de 48 années révolues, et plus du quart qu'après l'âge de 70 ans.

Cinquième Observation.

Ce que nous venons de dire appuie l'évaluation de la vie moyenne qui résulte de nos recherches précédentes; nous avons composé cette vie moyenne de la totalité des âges des décédés formant 8,376 années, et nous avons divisé ce nombre par celui des décès montant à 192, nous avons trouvé pour la vie moyenne dont les décédés ont joui, le nombre très approximatif de 43 ans et 8 mois.

Si l'on supprimait les deux premières années pendant lesquelles la mortalité s'élève excessivement par des causes étrangères aux circonstances sanitaires du pays, et, si on n'établissait la vie commune qu'entre tous les individus échappés aux dangers de ces deux premières années, c'est-à-dire entre les têtes de deux ans et au-dessus jusqu'aux décès, on trouverait 8,326 années à diviser par 153 décès, ce qui mettrait la vie commune à 54 années.

Enfin, si, comme on l'a très-bien remarqué dans des écrits récens, la force de la population consiste moins dans le nombre des individus existans que dans le plus grand nombre de ces individus en âge de travail, nous croyons que dans aucuns lieux il ne se trouve une proportion comme celle que nous offrons, c'est-à-dire plus des trois quarts des individus en âge, force et capacité de travail.

Sixième Observation.

D'après le contrôle de la garde nationale, elle se compose de 61 hommes compris les officiers et les sous-officiers; 6 seulement n'ont pas encore l'uniforme.

Septième Observation.

Les informations que nous avons pu prendre auprès des médecins et chirurgiens qui ont eu la clientelle de la commune, nous ont donné lieu de penser que les maladies secrètes n'y ont point pénétré pendant les trente années dont nous nous occupons dans la présente notice.

Huitième Observation.

Dans les précédens tableaux nous n'avons pas pris en considération les différences qui devraient résulter dans nos calculs, du départ des jeunes gens, par suite de la loi du recrutement. Le nombre de ces départs, depuis vingt ans, n'est pas tout-à-fait d'un pour deux ans, l'un dans l'autre; il est rentré deux de ces hommes dans la commune, nous en avons porté au nombre des décès trois qui sont morts aux corps, trois autres sont encore sous les armes, de sorte que s'il résulte une erreur de cette circonstance, elle ne peut être qu'infiniment minime; nous n'avons pas pu nous procurer d'élémens suffisans pour les dix années antérieures.

Petite Culture, Travaux, Produits; moyens d'existence de la Population, état moral, et Observations diverses.

La commune de La Celle-Saint-Cloud, ainsi qu'on vient de le voir, possède, sur ses 370 habitans, 280 individus aptes au travail, c'est cette partie de la population qui exploite les parcelles dont la réunion compose les 205 hectares qui lui sont exclusivement consacrés. (Voyez l'article intitulé : *le Territoire.*) (*).

Ces 205 hectares sont consacrés pour un dixième aux châtaigniers à fruits greffés et hâtifs, pour deux dixièmes à la vigne, et pour sept dixièmes à de petites cultures variées, dont les produits sont destinés aux marchés de Versailles et de Paris. Ces produits consistent en fruits de toutes natures, et principalement en groseilles, framboises, cerises, prunes et pommes; on fait aussi quelques légumes, et beaucoup de parcelles sont plantées en pépinières. Sur les à-dos de leurs vignes, entre les groseillers, aux bordures de leurs champs, ou lors de quelques variations de culture, tous les habitans

(*) Ce que les forains possèdent sur le territoire de La Celle-Saint-Cloud est plus que compensé par ce que les habitans de La Celle possèdent sur les territoires de Bougival, Rueil et Louveciennes.

font des pommes-de-terre et des choux pour une forte partie de la nourriture de la famille. Aucune maison n'est sans son clapier, dont les lapins sont nourris avec le sarclage des petits champs. Comme les habitans possèdent entre eux 45 chevaux, ils font alterner quelques portions de leurs parcelles en quantité suffisante d'avoine et de prairies artificielles. Environ trente de ces chevaux sont employés à conduire aux marchés de Versailles et de Paris tous les produits des 205 hectares ainsi exploités. Les retours se font en deniers comptants, dont la somme réunie forme un capital considérable, rentrant journellement dans la commune, et auquel il faut ajouter les produits du vignoble et des pépinières; le tout est plus que suffisant pour payer largement le travail du propriétaire, de sa famille et des ouvriers qu'il peut employer (*).

Outre ces valeurs en numéraire, on a vu que l'habitant tirait encore de sa propriété la majeure partie de sa nourriture; quant à son chauffage, il lui est fourni par le bois mort, et même un peu (par abus) par le mort-bois que toutes les femmes

(*) On a remarqué que 3 hectares font le *maximum* de ce qu'une famille peut exploiter par elle-même, et sans secours étrangers, quand elle a pu se procurer, soit comme propriétaire, soit même comme locataire, assez de parcelles pour former ces 3 hectares dans les cantons de petite culture, elle est au nombre des riches de la commune.

vont prendre dans les bois voisins, et rapportent sur leur dos en bottes énormes, dès que l'automne commence. L'usage des poêles surmontés d'un petit four est assez général dans la commune, et suffit économiquement au chauffage et aux préparations alimentaires.

Il faut enfin ajouter à tous ces moyens d'existence et même d'aisance, tout ce que produit le commerce et le travail des marchands de vin, boulanger, maçons, blanchisseuses, laitières et ouvriers divers qui sont au nombre des habitans de la commune.

Toutes ces industries, et surtout l'extrême morcellement de la propriété, ont pour résultat de rendre presque toutes les familles plus ou moins propriétaires; quatre ou cinq seulement n'ont pas droit à ce titre, mais elles fournissent aux autres des travailleurs trop rares, qui, toujours bien payés et ne manquant jamais d'ouvrage, finissent promptement par arriver eux-mêmes à la propriété.

La salubrité et l'absence de toutes maladies, ajoute encore à cet état d'aisance, et il en résulte qu'il n'y a presque jamais, pour cette triste cause, ni interruption de travail, ni frais extraordinaires.

Cette salubrité est telle, que depuis la fondation des sœurs, en 1829, il n'est entré qu'un seul malade aux infirmeries, encore était-ce pour l'accident d'une côte fracturée; tout enfant étranger qu'on amène malade à La Celle-Saint-Cloud, s'y rétablit certainement, et en peu de temps; jamais il n'y paraît de fièvres intermittentes. En 1809 même, où toute la France fut infestée de ces fièvres, il n'y en eut pas un accès à La Celle. Le choléra n'y a point paru; et depuis que le propriétaire actuel de l'ancien château y a popularisé la vaccine, c'est-à-dire depuis plus de 25 ans, on n'y meurt presque plus que de vieillesse.

Enfin, une bonne et complète instruction primaire donnée à tous les enfans, sans exception, contribue puissamment au bien-être général; le propriétaire de l'ancien château avait d'abord établi l'instruction mutuelle, mais le trop petit nombre d'élèves, résultant de l'obligation de séparer les sexes, et des fréquentes absences commandées par divers travaux, a rendu ce mode impraticable. L'Instituteur actuel y a suppléé en amalgamant, avec autant de zèle que de talent, l'instruction mutuelle et l'instruction simultanée, ses succès ont été remarquables et il a constamment mérité les éloges des Inspecteurs des écoles.

Les sœurs de la Providence, chargées de l'instruction des filles, s'y livrent aussi avec zèle et succès.

Il résulte de cet état prospère, que les habitans trouvant dans leur propre intérêt l'habitude du respect de la propriété, et dans l'emploi lucratif de leur temps un stimulant actif qui les écarte de l'inconduite et de la paresse, sont tous restés bons, tranquilles et satisfaits, sans que leurs communications avec la Capitale ait altéré leur caractère et leurs mœurs.

Nous n'avons pas besoin d'ajouter qu'aucun individu de cette heureuse commune ne mendie ; un très-petit nombre de familles ont quelquefois besoin de secours ; le propriétaire actuel de l'ancien château, en refusant entièrement toute espèce de secours aux familles dont un membre mendierait, a détruit entièrement la mendicité, précédemment pratiquée par quelques individus ; son expérience l'avait depuis long-temps convaincu que la famille du mendiant peut seule avoir action sur lui, et l'exerce toujours avec succès quand elle le veut.

Enfin, nous terminerons par ce fait remarquable, c'est qu'il ne se commet ni crimes ni délits à La Celle-Saint-Cloud, il n'y a même jamais de rixes graves entre les habitans. Depuis trente ans que le Rédacteur de cette Notice habite cette commune, il n'y a eu qu'une seule accusation, elle était pour vol et fut suivie d'acquittement.

Le Maire de La Celle-Saint-Cloud, soussigné, croit avoir rempli, autant qu'il lui était possible, les intentions que M. le Préfet lui a exprimées par sa circulaire du 31 décembre 1833, et il certifie l'exactitude et la vérité de tout ce qui est contenu dans la présente Notice.

A La Celle-Saint-Cloud, ce quinze août mil huit cent trente-quatre.

Signé COUTURIER, ***Maire.***

IMPRIMERIE DE DUFAURE,
rue de Paroisse, n.° 21, à Versailles.

www.ingramcontent.com/pod-product-compliance
Ingram Content Group UK Ltd.
Pitfield, Milton Keynes, MK11 3LW, UK
UKHW020400250726
13967UKWH00005B/2391